Sabine Rahn

Kleine LESETIGER
Delfingeschichten

Illustriert von Betina Gotzen-Beek

Der Umwelt zuliebe ist dieses Buch auf chlorfrei gebleichtem Papier gedruckt.

ISBN 3-7855-3975-4 – 2. Auflage 2003
© 2001 Loewe Verlag GmbH, Bindlach
Umschlagillustration: Betina Gotzen-Beek
Reihengestaltung: Angelika Stubner
Redaktion: Rebecca Schmalz
Herstellung: Heike Piotrowsky
Gesamtherstellung: L.E.G.O. S.P.A., Vicenza
Printed in Italy

www.loewe-verlag.de

Inhalt

Alle sagen, Emil wäre wasserscheu.
So ein Quatsch! Duschen macht ihm
gar nichts aus.

Baden auch nicht.

8

Nur wenn das Wasser tief ist – wie im
Schwimmbad –, dann hat Emil Angst.

Er kann nämlich nicht gut schwimmen.
Wozu auch? Schließlich will er Pilot
werden – nicht Kapitän!

Zu dumm, dass Mama diesen Sommer
ans Meer will!

Aber zum Glück hat Emil ein kleines
Schlauchboot. Das bindet Mama an
einen Felsen, damit Emil nicht abtreibt.

Jetzt kann er mit dem Boot im flachen
Wasser umherpaddeln. Das gefällt Emil.
Er paddelt den ganzen Nachmittag.

Dann ist er müde und schläft
im Boot ein.

Doch der Felsen hat eine scharfe Kante. Die Leine reißt, und das Boot treibt ab.

Als Emil aufwacht, ist er ganz weit weg vom Ufer. Er ruft und schreit.

Aber Mama schläft auch.
Sie hört ihn nicht.

Emil versucht zurückzupaddeln. Doch
die Wellen sind zu stark. Sie treiben
ihn immer weiter aufs Meer hinaus. 13

Emil fängt an zu weinen.
Er hat Angst.

Plötzlich hört er ein seltsames Geräusch.
Neben dem Boot schwimmt ein Delfin.

Zuerst bekommt Emil einen riesigen
Schreck. Aber der Delfin sieht aus,
als würde er lächeln.

Dann taucht noch ein Delfin auf.
Und noch einer. Und noch einer.

Die Delfine machen Saltos im Wasser
und tanzen auf der Schwanzflosse.

Dabei schnattern sie, als wollten sie
sagen: „Keine Angst, wir helfen dir!"

Der erste Delfin nimmt das zerrissene
Seil ins Maul. Er zieht Emils Boot
zurück an den Strand.

Das letzte Stück paddelt Emil allein.

17

„Danke!", ruft er den Delfinen zu und winkt. Die Delfine machen zum Abschied noch ein paar Saltos für Emil.

Dann schwimmen sie zurück ins offene Meer.

Der Trick mit der Tinte

„Kann ich mitspielen?", fragt Tobi.
„Klar", antwortet Nero.
„Wir spielen Fangen."

„Tobi ist doch ein Tintenfisch!",
flüstert Milli ihrem Freund Nero zu.
„Tintenfische sind hinterlistig!"

„So ein Quatsch", flüstert Nero zurück.
„Tobi ist nicht hinterlistig. Er ist nett!"

„Mit Tintenfischen spiele ich nicht!",
beharrt Milli.

„Aber ich!", sagt Nero. Er schwimmt zu
Tobi und lässt Milli einfach zurück.

Plötzlich saust Milli an ihm vorbei und
schreit: „Ein Orca! Rette sich, wer
kann!" Ohne zu überlegen, schwimmt
Nero ihr hinterher.

Orcas fressen am liebsten Delfine.
Die beiden Delfinkinder schwimmen,
so schnell sie können.

Doch der Orca kommt immer näher.
Plötzlich schreit jemand: „Kommt
hierher!" Es ist Tobi.

Der Tintenfisch hüllt die beiden Delfine
in eine dicke, schwarze Tintenwolke.

Dann führt er sie in eine kleine
Felsenhöhle.

Von dort aus beobachten sie, wie der
Orca in der Tintenwolke tobt, weil er
die Delfine nicht mehr findet.

„Danke", flüstert Nero Tobi zu.

„Danke", flüstert auch Milli.
„Der Trick mit der Tinte war klasse!
Wie wär's, wollen wir drei hier in
der Höhle Verstecken spielen?"

„Mit einem hinterlistigen Tintenfisch?",
fragt Tobi.

Milli wird rot. Dann sagt sie: „So ein Quatsch! Tintenfische sind nicht hinterlistig. Sie sind mutig!"

Tobi und Nero grinsen. Und dann spielen sie zusammen Verstecken.

Wie das Sternbild Delphinus entstand

Vor langer Zeit lebte einmal
ein kleiner Delfin.

Seine beste Freundin war eine Möwe.
Die beiden waren unzertrennlich.

Immer wenn der kleine Delfin
einen Fisch fing, teilte er ihn mit der
kleinen Möwe.

Und immer wenn die kleine Möwe
Orcas sah, warnte sie den kleinen
Delfin.

28

„Ich möchte so gerne fliegen können wie du", seufzte der kleine Delfin.

„Du kannst dafür ins Meer hinabtauchen!", antwortete die kleine Möwe. Aber das konnte ihren Freund nicht trösten.

„Wenn ich schon nicht fliegen kann,
dann will ich wenigstens ganz hoch
springen können", sagte der kleine
Delfin.

Er begann zu üben. Jeden Tag.
Viele Wochen lang.

Bald sprang er weiter und höher als
jeder andere Delfin.

Aber der kleine Delfin war noch nicht
zufrieden. Er übte weiter.

Bald konnte er bis
zu den Wolken springen.

Aber der kleine Delfin war immer noch
nicht zufrieden. Er übte weiter.
Tag und Nacht.

Bald konnte er bis in den Himmel
springen und sich mit dem Mond und
den Sternen unterhalten.

Er erzählte den Sternen vom Meer,
von bunten Fischen und von seiner
Freundin, der kleinen Möwe.

33

„Bleib doch bei uns!", baten die Sterne.
Aber der kleine Delfin hatte Sehnsucht
nach der Möwe.

„Ich komme wieder!", versprach er und
sprang zurück ins Meer.

Weil die Sterne den kleinen Delfin so
sehr vermissten, formten sie das
Sternbild Delphinus. Jetzt hatten sie
immer ein Bild von ihm am Himmel.

Und als der kleine Delfin das sah,
freute er sich.

Die Geburtstagstorte

„Ich möchte so gerne eine
Geburtstagstorte mit Kerzen zum
Auspusten!", seufzt Fin.

Seine Mama seufzt auch. „Du weißt
doch, dass das nicht geht", sagt sie.
„Unter Wasser brennen Kerzen nun
mal nicht."

Das weiß der kleine Delfin natürlich.
Und trotzdem wünscht er sich nichts
mehr als eine Torte mit sechs Kerzen
zum Auspusten.

Zu Fins Geburtstag hat Papa überall
Girlanden aus Tang und Seerosen
aufgehängt.

Alle seine Freunde bringen ihm ein
Geschenk mit.

Und seine Mama hat alle seine
Lieblingsgerichte zubereitet.

Später machen sie tolle Spiele.
Trotzdem ist Fin ein bisschen traurig,
weil er wieder keine Torte mit Kerzen
bekommen hat.

Da zieht sein Papa einen Seetang-
Vorhang auf.

Hinter dem Vorhang ist eine große
Geburtstagstorte mit sechs flackernden
Kerzen.

„Auspusten! Auspusten!", schreien
alle. Fin schwimmt zur Torte und pustet
so doll, dass ganz viele Luftblasen
nach oben blubbern.

Einen Augenblick lang kann er vor
lauter Blasen gar nichts sehen.

Jetzt sind nicht nur die Flammen aus,
sondern die Kerzen sind ganz
verschwunden.

„Hab ich so doll gepustet?",
fragt Fin verblüfft.

Doch dann entdeckt der kleine Delfin
die Leuchtfische neben seinem Papa.

„Danke", sagt Fin. „Das war eine tolle Überraschung!"

Und dann gibt es Geburtstagstorte für alle – auch für die Leuchtfische!

Tagsüber schreibt und übersetzt *Sabine Rahn* Kinderbücher. Abends hingegen liegt sie am liebsten mit Calvin & Hobbes, Käptn Haddock und Lucky Luke lesend auf der Couch. Wenn sich der dicke Obelix allerdings auch noch mit dazuquetscht, wird es doch zu eng. Dann geht sie lieber eine Runde schwimmen. Bedauerlicherweise nur im Baggersee – und in dem gibt es leider keine Delfine!

Betina Gotzen-Beek wurde 1965 geboren. Vor ihrem Grafik-Design-Studium hat sie bei einem Restaurateur gearbeitet und war nebenbei auch Floristin, Plakatiererin, Köchin und Jeansverkäuferin. Doch da sie nichts lieber macht als zeichnen, illustriert sie seit 1996 vor allem Kinderbücher. Dabei malt sie gern lustige Szenen, die sie vielleicht sogar in ihrer Heimatstadt Freiburg beobachtet hat.

Erster Leseerfolg

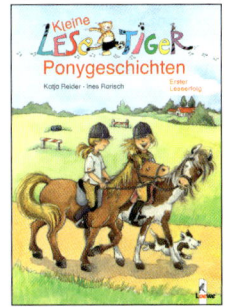